DES RÉSULTATS

DE

LA GUERRE D'ESPAGNE.

DE L'IMPRIMERIE DE DAVID,

RUE DU FAUBOURG POISSONNIÈRE, N° 1.

DES RÉSULTATS

DE

LA GUERRE D'ESPAGNE;

PRÉCÉDÉS

D'UN COUP D'ŒIL SUR LA RÉVOLUTION ESPAGNOLE DE 1820;

PAR M. A. DE B***.

Il manquait peut-être encore quelque chose à la réconciliation complète des Français ; elle s'achèvera sous la tente : les compagnons d'armes sont bientôt amis, et tous les souvenirs se perdent dans la pensée d'une commune gloire. CHATEAUBRIAND.

PARIS,

DÉLONGCHAMPS, libraire, quai des Augustins ;
LE NORMANT fils, libraire, rue de Seine, n° 8 ;
DENTU,
HUBERT, } libraires, Palais-Royal, galerie de bois :
PICHARD, libraire, quai Conti.

1824.

PRÉFACE.

La guerre d'Espagne a été provoquée par la révolution militaire de 1820. C'était encore l'éternelle ennemie des trônes et de l'ordre social qui, s'enveloppant du manteau castillan et prenant un faux air de modération, s'avançait vers les Pyrénées pour inviter les peuples du Midi au banquet de la révolte et aux Saturnales de la démagogie. J'ai tâché d'esquisser, par des traits vigoureux, les différentes péripéties de ce drame mémorable, qui nous a si long-temps alarmés sur les jours de Ferdinand. J'ai nommé le héros, que le ciel paraît avoir envoyé à temps, pour préci-

piter le plus heureux dénouement de
l'intrigue la plus inextricable :

Ce héros, ce digne petit-fils de
Henri IV, a mis en évidence tout
ce que l'âme d'un soldat français ren-
ferme de désintéressement et de générosité ; et sa tactique militaire a présenté un caractère particulier qu'il
était important de signaler ; je l'ai fait.

Enfin, et j'avoue que ma hardiesse
a été grande, j'ai dit et crois avoir
prouvé que la guerre d'Espagne exer-
cerait une immense influence sur nos
destinées ; le temps, mieux que cet
écrit, en déroulera les incalculables
conséquences. Puissé-je n'être pas
confondu dans mes prédictions ! nous
y gagnerons tous, et nos libertés publiques ne seront pas moins assurées
que la gloire et la prospérité de notre
belle patrie.

DES RÉSULTATS

DE

LA GUERRE D'ESPAGNE

CHAPITRE PREMIER.

Coup d'œil sur la révolution espagnole de 1820.

> There cannot a greater judgment befall a country than such a dreadful spirit of division, as rends a government into two distinct people, and makes them greater strangers and more averse to one another, than if they were actually two different nations.
>
> ADDISSON.
>
> Le plus terrible fléau dont un pays puisse être frappé, est cet esprit de division qui crée dans l'État deux peuples plus étrangers, plus opposés l'un à l'autre, que s'ils formaient effectivement deux nations différentes.

LE mauvais état des finances, le fardeau des impôts, les revers du dehors, les fléaux du dedans, le souvenir d'une gloire passée, la conscience de la publique misère, les torts d'un gouvernement tour-à-tour violent et faible, peuvent bien expliquer, mais non justifier une révolution. C'est ainsi que dans la famille, rien n'absout des enfans rebelles, et que la voix du sang doit couvrir les écarts de la paternité.

Ce siècle de dégénération se laisse trop aller aux chimères du perfectibilisme ; il n'est pas d'état si bien constitué qui ne fût mieux, allant autrement. Tel quel, chacun doit respecter le pouvoir sous l'égide duquel lui furent transmis, avec sécurité, la vie, l'éducation et la propriété. Les générations, comme les pays, comme les individus, sont inégalement favorisées, et la société civile, dans les divers points de l'espace et du temps, se présente sous mille aspects divers: partout, je vois des lois ; car sans lois, point de cité ; mais elles diffèrent autant par la source dont elles émanent que par les intérêts qu'elles protègent, par le but qu'elles se proposent, que par les châtimens qui les sanctionnent. La civilisation, qui n'apparaît que graduellement comme la lumière du jour, modifie lentement, lentement corrige et améliore ces lois, principe de tout ordre social ; la révolte, en les renversant pour un jour, en aggrave le poids pour des siècles, et le glaive est et sera toujours incompétent pour la réforme des constitutions. Des exemples mémorables, d'insignes catastrophes, d'éclatans bouleversemens sont venus de nos jours confirmer cette vérité; il n'est plus besoin de remonter jusques aux temps anarchiques du Bas-Empire : Naples, le Piémont et l'Espagne sont là pour attester que des soldats parjures sont de tristes réformateurs et qu'avec la baïonnette on ne tracera jamais que des codes d'oppression et des décrets spoliateurs.

Je vais retracer à nos souvenirs la Révolution espagnole de 1820 ; je la prendrai à son berceau, et la suivant dans tous ses mouvemens convulsifs, je la montrerai expirante sous les coups du héros qui, après l'avoir acculée dans l'île où elle prit naissance, la contraignit par son courage de lâcher proie, et sauva ainsi la patrie du Cid de l'éternelle honte du régicide.

Il faut reprendre les choses de plus haut : lors de la chute du colosse qui pesait sur l'Europe et la civilisation, le prisonnier de Valençay avait, avec sa liberté, retrouvé sa couronne ; en rentrant dans ses états, il se hâta de ressaisir la plénitude du pouvoir , et se montra d'autant plus jaloux de conserver intacte la souveraineté qu'on avait mis plus de hauteur à la lui offrir toute mutilée par la constitution de Cadix. Ferdinand déchira, en présence des membres des Cortès, l'insolent papier où ils avaient osé stipuler sa part dans le gouvernement et le fantôme de royauté qu'ils voulaient bien lui concéder ; Ferdinand régna comme avaient régné ses aïeux, et l'ordre se rétablit dans un pays que ses défenseurs n'avaient pas moins bouleversé que ses envahisseurs.

Chez une nation où rien ne finit , les troubles ne devaient pas tarder à renaître : aussi, dès les premiers mois de 1814, plusieurs conspirations s'étaient formées contre la Restauration ; la plupart furent étouffées dans le sang de leurs chefs ; mais il n'est pas de la nature des opinions de reculer devant les supplices : de nouveaux conjurés , sur la tombe des premiers conspirateurs, jurèrent de venger leurs mânes et la cause de la liberté, et attendirent en silence l'occasion d'éclater ; elle s'offrit au commencement de 1820, et ils s'en emparèrent avec la précipitation d'hommes qui ne pouvaient plus se contenir.

La peste avait cessé ses ravages; Cadix pouvait calculer ses pertes; les troupes dispersées se rassemblaient autour de l'île de Léon ; de nombreux vaisseaux de transport sillonnaient le vaste bassin qui défend Puntalès, et l'armée n'attendait que le signal du départ pour aller reconquérir à la métropole ses vastes possessions des deux Amériques.

L'instant était favorable : le soldat mesurait en murmurant l'étendue des mers à traverser; le lieu était opportun : en cas de succès, on s'emparait de toutes les forces de terre et de mer ; en cas de revers, on trouvait un asile dans l'île de Léon; le prétexte était spécieux: la réforme des abus ! le cri de ralliement devait exciter l'enthousiasme, réveiller les souvenirs; il s'agissait de *constitution*, et de la *constitution des Cortès*. Le branle une fois donné, rien ne semblait pouvoir arrêter la commotion électrique imprimée aux esprits. Riégo le savait très-bien lorsqu'il se porta sur *Arcos ;* là, avec un seul bataillon, il s'empara des chefs de l'armée; de son côté, Quiroga se rend maître de *San-Fernando* et du ministre de la marine, et tous les deux, sans coup férir, vont se concentrer avec les rebelles dans l'île de Léon, où ils proclament avec pompe la constitution et organisent l'armée dite *nationale*.

Dans de si graves conjonctures, que va dé-cider la lenteur castillanne? D'abord elle nie, puis se méfie, hésite, ménage d'inutiles pourparlers, et enfin, lorsque redoublant d'in-tensité, l'incendie menaçait déjà de se répan-dre par torrens dans l'Estramadure et l'An-dalousie, envoie en face de la rebellion le général Freyre avec de pleins pouvoirs. Celui-ci avait à choisir d'un coup de vigueur ou d'une sage temporisation; il adopta ce dernier parti, oubliant que Cicéron n'eût jamais été salué père de la patrie, s'il eût employé contre Ca-tilina le système de Fabricius.

Un mois s'est écoulé; les rebelles, il est vrai, sont bloqués dans l'île de Léon; mais déjà ils ont osé faire une tentative sur Cadix et s'em-parer d'un vaste arsenal; mais déjà Riégo s'en est évadé pour opérer sur le littoral de Va-lence une diversion utile à sa cause; mais déjà les troupes de Freyre chancèlent et fraternisent d'espérance avec leurs compagnons d'armes soulevés; tels furent les tristes résultats de la modération de Freyre. Tandis que Riégo fait chausser ses soldats à Algésiras, qu'il inonde

de sang la place publique de Malaga , et qu'a-
près avoir hardiment passé le pont de Cordoue,
il se voit contraint de dissoudre en guérillas
sa bande trop vivement harcelée, la Révolution,
portée par les vents du Midi , éclate sur tous
les points de la Péninsule , alors même que
Freyre et Quiroga continuaient à s'attaquer
par des promesses et des menaces réciproques:
combat inégal, qui laisse en définitif le champ
de bataille à la félonie et aux turbulentes sé-
ditions.

Cependant chaque jour arrivent à la cour de
sinistres dépêches : les conquêtes à la constitution sont brusques, inattendues , complètes:
aujourd'hui, c'est la *Corogne*, demain le *Ferrol*,
et dans quelques heures *Vigo* et *Ponte-Vedra*.
A l'extrémité de la Galice, on porte en triomphe
la veuve de Porlier ; à l'extrémité de la Navarre
paraît Mina , dont le nom seul va centupler les
forces de la révolte. Dès ce moment la cause
royale chancèle , et le bruit que fait la Révolution grandissante vient étourdir dans son
palais l'infortuné monarque. La violence et la
pusillanimité, l'audace et la frayeur, tour-à-tour
l'assiègent de leurs obséquieux conseils ; auprès
de lui veille la méfiance , qui contredit toutes

les mesures et paralyse tous les projets. Il n'est plus temps de différer : l'armée réclame un chef suprême, il faut choisir ; le choix tombe sur le traître des traîtres. L'Abisbal courut à *Ocana* hâter par sa défection l'asservissement du trône et le triomphe des Cortès. En convoquant de son propre mouvement les Cortès, en prononçant ce nom si cher aux révoltés, Ferdinand crut en vain les apaiser ; ils voulaient en avoir la jouissance toute entière et briser de leur propre main le sceptre de Charles-Quint. Madrid ne répondit à la royale concession que par des cris de rage ; et sorti de son exil, un sujet insolent vint présenter au Roi l'option de la constitution ou de la mort. Tout fut dit le jour où Ballesteros parut sur le balcon à côté de son souverain, plus fier de l'humiliation de Ferdinand que des *vivat* prolongés dont lui-même était le bien digne objet. Ferdinand prêta donc un serment que n'avaient attendu ni Valence, ni Sarragosse ni Barcelonne ; vaine formalité destinée à enchaîner les bras des sujets fidèles et à colorer d'une apparence de légitimité la plus inique des révolutions. Tout n'est que fêtes, qu'illuminations au Pardo, et le sang ruissèle à flots dans

Cadix. Avant l'enquête, les fidèles soldats des guides et de la *Lealtad* sont proclamés les auteurs des massacres. Qu'on se hâte de les dissoudre, qu'on s'empresse de licencier tout ce qui fut fidèle dans l'armée, et que le règne de la constitution et du parjure commence enfin sans contradicteurs !

Cette constitution fut jugée dès sa naissance : la Royauté n'y est-elle pas placée sous la tyrannique tutelle des Cortès et la souveraineté du peuple proclamée ? N'est-ce pas l'esprit de 91 infusé dans quelques résidus surannés des anciens codes aragonais et castillans ? Ils devaient cependant le savoir ces maladroits législateurs : on ne rend la royauté impuissante pour le mal qu'en la rendant impuissante pour le bien. La mort peut aussi revendiquer ce genre de perfectionnement ; elle tarit à la fois dans l'homme la source des vices et des vertus.

Quoiqu'il en soit, cet avorton dégénéré de la constituante, imposé par la force à Ferdinand, est donc chargé du sort de la monarchie? Les jésuites et l'inquisition n'avaient plus que faire en Espagne, on leur substitue le civisme et les clubs ; la potence était féodale, on décrète *le garotte*, supplice plus expéditif et appa-

remment plus constitutionnel; le paysan est
délivré des privilèges et des juridictions sei-
gneuriales; mais il heurte à chaque pas contre
les commissions militaires et le patriotisme
soupçonneux des révoltés. Les vœux monas-
tiques sont supprimés, mais les milices sont
rétablies, et chacun au besoin aura une arme
pour s'entr'égorger de citoyen à citoyen. Des
biens de la couronne sont réunis au domaine ;
mais la perte des riches colonies est consom-
mée : c'est ainsi que le parjure se charge de
rajeunir les vieilles monarchies et de réformer
les antiques institutions !

Les habitudes nationales ont en Espagne de
profondes racines dans le cœur, et les croyances
y sont d'une extrême irritabilité. Delà ces conspirations royalistes qui éclatent sur divers
points et qui n'échouent que parce qu'avec
des baïonnettes, les gouvernemens modernes,
quels qu'ils soient, triompheront toujours de
la multitude soulevée.

Détournons nos regards des murs de Sarragosse et de Cadix, où le sang des citoyens est
versé pour le maintien d'une homicide pierre,
la pierre de la constitution; laissons les soldats
disciplinés des Cortès triompher dans la

Galice de la junte apostolique et des paysans de l'énergique chanoine, *don Manuel Chantre* : Madrid nous appelle.

Transformés en législateurs, les rebelles s'y rendent de tous les côtés, impatiens de se mésurer corps à corps avec la royauté. Les voilà sur les bancs, ces modernes Solons, ces Lycurgues de la félonie ! Ils débutent par le sarcasme et l'ironie et félicitent Ferdinand d'avoir enfin *légitimé* ses droits ; singulière légitimité ! à laquelle il manquait une dernière sanction , la sanction de l'échafaud..... Mais quelles pressantes révélations s'empressent d'apporter à la tribune ces ministres d'un jour , ces serviteurs intrus de Ferdinand ? Quoi ! serait-il vrai ? Et quel si grand profit la nation peut-elle donc obtenir en apprenant que, si l'Espagne est déconsidérée au dehors, si les colonies sont perdues, si la marine est dégradée , si l'armée manque d'habits et de pain , si le trésor enfin, si les impôts futurs sont d'avance engloutis dans un énorme déficit , c'est à Ferdinand et à Ferdinand seul qu'il faut l'attribuer ! Les correctifs d'usage , les hypocrites détours masquent à peine l'atrocité du but : c'est ainsi qu'ils entendent L'inviolabilité constitutionnelle du

2

Monarque préparant de longue main un nouveau 21 janvier.

Ils consentent cependant à pourvoir aux premiers besoins de la royauté ; ils s'empressent de régler le petit revenu de Ferdinand , et le souverain est porté à la colonne des pensionnaires de l'état , avec émargement sur la liste des fonctionnaires publics. Une folie amène une autre folie , et les atrocités s'attirent : soudain , nouveaux décrets ; plus de majorats , il faut niveler la famille comme l'état ; plus de donations aux églises ni aux monastères : il sera si gai de voir lentement dépérir cet arbre majestueux du Catholicisme, sous l'ombrage duquel la Péninsule a si long temps fleuri !

Qu'importe maintenant que Riégo soit exilé? Son exil va le porter à la présidence même des Cortès ; qu'importe qu'à force de concessions de terre, on ait enfin obtenu la dissolution de l'armée libératrice ? Ces soldats ne resteront dans leurs foyers que pour y devenir des proconsuls obscurs ou d'absurdes espions. Qu'importe que les honneurs de l'apothéose soient décernés aux mânes de Porlier ? Qui ne sait que la révolution ne réhabilite les morts que pour insulter aux vivans!...

Quelques éclairs de bon sens viennent se mêler à ce tissu d'absurdités: en entendant les Cortès proclamer les délits de la presse contre la religion *subversifs au premier degré*, on croit recueillir de la bouche d'un insensé une maxime de sagesse. Un instant.... Ils sont retombés de tout leur poids dans leur déplorable manie : Les monastères sont supprimés et leurs biens déclarés nationaux ; qu'il se présente en foule des acquéreurs , et voilà la Révolution identifiée avec le sol et transmise avec la propriété, de génération en génération.

Toutes ces violentes mesures ne remplissaient pas l'impatience de destruction qui agitait les clubs ; on tenta vainement d'organiser leurs patriotiques désordres et leurs civiques écarts. A défaut de mille autres , un seul trait suffirait pour peindre l'esprit anti-national des Cortès : ils s'acharnent contre de loyaux Espagnols qu'ils avaient déjà flétris du nom de *Perses* et de *serviles* , et jettent des regards de bienveillance sur la classe méprisée des *afrancesados*. Le moment est venu de décréter de nouvelles spoliations pour combler le déficit, et, jaloux d'avoir la royauté pour complice dans la destruction des couvens et monastères, ils arrachent à Ferdinand sa signature, et le laissent partir en paix pour l'Escurial : son séjour n'y fut pas long ; la violence du peuple soulevé au premier bruit semé d'une conspiration royaliste, l'audace des *Descamisados* ameutés contre lui, l'en chassèrent tout d'abord; et l'auguste prisonnier fut reçu dans Madrid qui venait de le conquérir avec des transports d'allégresse, avec des cris de joie qui glaçaient d'horreur et d'épouvante. L'évêque de Valence, en butte à la haine de la faction, fut alors proscrit et ses biens confisqués ; le clergé plus franchement opprimé et la haute noblesse enfin suspectée. L'Espagne vit avec effroi ses relations avec l'Europe devenir de jour en jour plus équivoques et le prince n'eut désormais à opposer aux excès de la faction que la résignation de la vertu.

Un an est à peine écoulé, et la révolte armée a porté ses fruits pernicieux : partout des haines, des soupçons, partout des sombres rumeurs, partout des destitutions, des emprisonnemens, des exils ; l'Estramadure et l'Andalousie s'agitent, et la guerre civile éclate de nouveau dans la Catalogne et la Navarre ; la guerre civile ! le dernier bienfait de la Providence dans ces temps malheureux où l'on ne peut remonter à l'ordre que par le désordre.

Dirai-je les Cortès épouvantées, au seul nom de Zadilvar et de Kernandès , et le curé Merino , à défaut de remords, bouleversant l'âme des parjures ? Dirai-je ces nobles Guérillas , chaque jour aux portes d'une nouvelle ville pour protester contre le triomphe de la félonie, et ces ministres des autels qui revêtent la cuirasse et savent manier la terrible épée de Phinée ? Il n'est plus question de soupirs , de prières, ni de vœux : l'Espagne aussi a ses Charette, ses Lescure et ses Laroche-Jacquelin ; les hauteurs se hérissent d'insurgés et chaque province a son armée de la foi. La Révolution alors se voit frappée au cœur , et confondant ses intérêts avec les intérêts sacrés de la patrie , elle ose demander à la vindicte des lois un exemple éclatant. La populace soulevée surpasse ses espérances et prévient la hache des bourreaux ; les murs épais des cachots sont renversés comme de fragiles barrières, et des cannibales déguenillés s'arrachent en hurlant les membres palpitans de l'infortuné Vinuesa. C'est à l'histoire

à éterniser son nom et à la monarchie espagnole à célébrer sa mémoire. Cependant le
sang, si atrocement versé, ne raffermit pas à
leur gré l'œuvre des révoltés ; ils réclament
pour garanties tous les emplois civils et militaires, et jusque dans le dernier Alcade cherchent un complice de leurs attentats.

Si les Gardes-du-Corps indignés repoussent
les sauvages hurlemens, les gestes menaçans
dont Ferdinand est accueilli, on les licenciera,
on les emprisonnera, on les jugera ; si de vrais
Espagnols répondent par des applaudissemens
aux nobles plaintes que le souverain daigne
adresser aux Cortès ; les tribunes seront sur-
le-champ évacuées et des cachots infects rece-
vront les insolens perturbateurs.

Le titre sacré d'ambassadeur, deviendra un
titre à la haine publique, et l'Europe chrétienne, avec étonnement, verra la canaille de
Madrid insulter à ses nobles représentans. La
France surtout aura le privilège de l'injure
pour justifier d'avance le privilège d'aggres-
sion qu'un Montmorency plus tard revendi-
quera pour elle.

Cependant l'anarchie qui se dispute le repos
des provinces, remonte à sa source et vient

s'asseoir sur les bancs des Cortès. Adversaires et partisans du ministère, ils se traitent de factieux et décrètent des lois au milieu des récriminations réciproques ; les plus violens l'emportent ; le ministère tombe, et deux jours l'Espagne battue par les tempêtes, flotte sans gouvernail et sans pilote ; dès-lors les nouveaux ministres qu'une cabale élève, qu'une cabale contraire s'efforce de renverser, ne songeront plus aux dangers de la patrie, trop occupés de leurs propres dangers.

De tous côtés s'organisent des clubs désorganisateurs ; ici les *Communéros*, là les *Américains*, et non loin du palais, une ténébreuse association d'apprentis régicides. En vain le Roi veut-il un instant se dérober au tumulte des factions et aux manœuvres sourdes des conspirateurs ; en vain dirige-t-il ses pas vers les eaux salutaires de Sacédon ; le peuple entier se soulevera, enveloppera les équipages, et aux cris de *Traga la Pero*, ramenera Ferdinand captif dans un château dont la trahison désormais gardera toutes les issues.

Alors la vigilance des geoliers redouble et la susceptibilité des constitutionnels grandit. Morillo lui-même est suspect. Chaque nuit, nou.

velles alertes ; chaque nuit, l'homicide marteau, par ses coups redoublés, porte. l'épouvante dans l'âme de quelques royalistes qui veillent en pleurant pour leur Roi et leur malheureuse patrie.

La constitution qui se défend par l'exil et les fureurs, par la mort et le gaspillage du pouvoir, est menacée d'un terrible coup. Riégo qui l'imposa le fer à la main, Riégo lui-même n'en veut plus ; il aspire à la dictature et demande une république à des transfuges français. Montarlot, Vaudoncour et Villamor la proclament à Valence et le drapeau tricolore se déploie sur les débris encore fumans de Sarragosse ; à cette vue l'orgueil castillan se réveille dans l'âme des ministres, et un éclair de patriotisme enflamme les Cortès : les conspirateurs sont arrêtés et Riégo est exilé à Lérida.

Cependant, les Cortès extraordinaires, si impérieusement réclamées par la faction, s'ouvrent au milieu des vives appréhensions d'une contre-révolution prochaine et des vociférations de tous les clubistes de Madrid. Le trouble était partout ; de turbulens présages annonçaient une épouvantable crise ; la Péninsule entière était en éveil et le calme ne régnait que dans les murs de Barcelone..... C'était le calme des tombeaux !

La peste ravage cette opulente cité et un nouveau Jérémie, assis sur des cadavres et des ruines, n'éternisera point ses inconsolables douleurs. Tout se tait dans ses murs dévastés. Le venin gagne de proche en proche et la mort vient s'asseoir muette sur le seuil de chaque porte ; on n'entend que le funèbre roulement des tombereaux, et le téméraire conducteur vient grossir lui-même le nombre des victimes dont les places et les carrefours sont encombrés ; l'airain ne dit plus aux mourans, ni l'heure des prières, ni l'heure du repos, et l'immobile aiguille menace la cité d'un éternel fléau. O France ! pays de l'honneur et du dévoûment ! terre classique de toutes les gloires et de l'héroïsme ! je rencontre encore ici de tes enfans ; ils vivront dans les fastes de l'humanité et de la religion, et ces pieuses sœurs de Sainte-Camille et ces généreux médecins ; ils s'offrent désarmés aux traits les plus acérés du fléau ; ils courent après le mal comme d'autres après la volupté ; se jouent de l'agonie en dégustant sans pâlir les sucs pestilentiels des entrailles déchirées. C'est assez d'intrépidité ! assez d'ac-

tes sublimes ! le dernier soupir de Mazet a dé-
sarmé le céleste courroux : la peste se rallentit,
l'atmosphère se purifie et Barcelonne rassurée
appelle par son nom ses habitans dispersés.
Un petit nombre répondit. Où porteront-ils
leurs premiers pas? Sera-ce aux pieds des
autels ? dans le temple du Seigneur ? Non: encore sous la main du trépas, la rage les a
poussés dans un club incendiaire, et là riva-
lisant de fureur avec leurs frères de Cadix, de
Grenade et de Murcie, ils célèbrent le jour de
délivrance par des adresses de mort et vocifè-
rent la constitution, comme un brigand, sous
la main du bourreau , murmure encore le
meurtre et l'assassinat.

A ces épouvantables débordemens, le ministère n'oppose que sa perfide imbécillité et
les Cortès leur sinistre duplicité. Ce ministère
alors , comme une faible digue emportée par
les eaux automnales , se brise contre les nouvelles élections , débordé depuis long-temps
par les passions orageuses des Communéros et
des Descamisados.

Ce triomphe de la faction un instant pro-
fite à l'ordre , et la jactance des Descamisados
amène au pouvoir le parti des modérés. On

va au plus urgent : la liberté de la presse n'é-
tait plus que l'impunité de l'outrage et de la
calomnie, il faut la courber sous les lois ; le
droit de pétition qu'un instrument d'anarchie,
qu'un terrible levier pour soulever les masses ;
les clubs patriotiques chaque jour menaçaient
la patrie ; il est temps de la sauver de leur
patriotisme destructeur. Trois projets sont
donc présentés aux Cortès ; 90 opinent pour
et 84 contre ; le repos de l'Espagne est ainsi
livré aux hasards d'un scrutin, et 6 voix recu-
lent sa perte inévitable. C'est alors que l'on
vit de tous les points de Madrid, les clubistes
s'appeler, s'exciter et tels qu'une bande de
loups affamés, dans l'impuissance d'une attaque, assaillir de leurs clameurs la chambre
des représentans. Le comte de Toréno et le
ministre Martinez avec peine échappèrent à
leur soif du sang et la force armée put seule
protéger la tête des législateurs.

Les Cortès extraordinaires se séparent ; ils
ne sont déjà plus à la hauteur des circons-
tances et il faut que la Révolution ait son cours.
Rien, cependant, ne manque à leur gloire ; ils
ont bouleversé les anciennes divisions du territoire, décuplé les catégories des suspects et

des coupables , et proposé d'inutiles moyens de pacifier les Amériques. Ils ont entendu chanter la *Traga la*, sous les fenêtres mêmes du palais , et n'ont plus à redouter les atteintes du despotisme.

Une nouvelle assemblée s'ouvre sous de nouveaux auspices. Riégo , sorti de son exil en triomphateur , pour prix de sa trahison , reçoit les honneurs du fauteuil. La faction lui tresse des couronnes et le proclame président des Cortès ordinaires qui devaient amener une nouvelle convention. La majesté royale s'incline devant le héros de la félonie ; la dignité du souverain est bafouée , conspuée dans la personne de ses ministres; les divisions intestines redoublent d'intensité et la guerre civile éclate avec plus de fureur. A Madrid, les soldats se battent entr'eux et les bourgeois contre les soldats ; la garnison de Valence est égorgée, la garnison de Pampelune égorge ; le sang coule à flots et les Cortès dissertent sur les avantages du rang ! Le dernier jour qui vit sur pied les murs de Troie , les jeunes Troyens jouaient aussi aux osselets sur leurs remparts dégarnis.....

Mais d'où sortent ces nombreuses bandes

de loyaux Espagnols ? La Navarre et la Catalogne retentissent des cris de vive le Roi ! des milliers de sujets fidèles s'échappent des cloîtres, des profondes obscurités des bois et des hauteurs des Pyrénées. D'Eroles, Mirallès, Mosen-Anton se montrent et la monarchie relève son front courbé dans la poussière ; le Trappiste élève la croix et la croix enfante des guerriers ; il monte sur son mulet, fait claquer son fouet et les traîtres pâlissent et la révolution toute entière s'émeut. Elle doit cependant triompher des armées de la Foi, comme elle triompha naguère des armées vendéennes ; ses succès amèneront son éternelle honte. La France, si violemment ramenée à l'ordre par l'invasion, deviendra sous les Bourbons envahissante, et la conquête sera destinée une seconde fois à raffermir les fondemens ébranlés des vieilles sociétés d'Europe.

Les royalistes, battus et dispersés, reparaissent plus terribles ; Misas prend Campredon, bat le constitutionnel Lloberas et porte la terreur jusque dans les murs de Barcelone ; mais à son tour battu et mis en fuite, il est contraint d'abandonner Cervera aux atroces vengeances des soldats patriotes et à toutes les horreurs d'une ville prise d'assaut. Hommes, femmes, enfans, sont impitoyablement massacrés et le feu achève ce que le fer n'a pas détruit. De leur côté, les Cortès méditaient des atrocités législatives et reculaient d'effroi devant leurs propres conceptions ; ils ne reculèrent pas devant un nouvel outrage à la royauté. Ferdinand, à Aranjuez, reçut leur insolente adresse et quelque temps la laissa sans réponse ; mais enfin, pour conserver contre leurs attaques le ministère modéré, il céda sur bien des points. Les mesures désorganisatrices contre le clergé séculier et régulier se poursuivirent ; la milice se leva de tous côtés hostile contre la monarchie, et 20,000 hommes furent décretés contre la France qui osait encore se prémunir contre une double contagion.

Je ne recueillerai point ici les cris opposés qui retentissent dans la Péninsule : c'est une fatiguante alternative de légers succès et d'horribles massacres, de surprises téméraires et de carnages médités. Vaincus ou vainqueurs les Espagnols ne démentent pas le sang Africain qui coule encore dans leurs veines. Si Quesada fuit à Olchagavia, d'Eroles met en pièces

1200 constitutionnels ; si la troupe de Milans est dispersée, le Trappiste, la croix à la main, escalade les murs d'Urgel, désormais le camp retranché des soldats de la foi. La terreur s'échappe alors de la *Conque de Tremp* et des vallées de la Sègre, et vient menacer les clubs d'une imminente contre-révolution ; soudain il faut aux constitutionnels une plus tyrannique exécution des mesures oppressives : les prêtres sont envoyés aux présides, les carabiniers royaux licenciés, et les Cortès se séparent avec une apparente sécurité, mais le ressentiment et la haine dans le cœur.

Toute révolution populaire aura son 10 août et son 21 janvier, à moins de la prompte et franche intervention d'une armée étrangère ; pour justifier l'invasion de la Péninsule, c'était assez que les excès de la faction qui amenèrent la journée du 7 juillet. Il n'entre pas dans mon plan de développer le perfide système, si long-temps suivi par les Cortès, pour fatiguer, pour exaspérer la fidélité des gardes royales et de tous les loyaux espagnols, encore moins de peindre la tragique fin du traître Landabaru, et le palais de Ferdinand transformé en une forteresse à la conservation de laquelle est attaché le salut de l'état. Je n'irai pas jour par jour enregistrer les hostilités des partis en présence, ni dire comment, cernés de toutes parts, malheureux dans leurs attaques et trahis par les leurs, les gardes se frayèrent un libre passage à travers les épais bataillons des miliciens et des héros du bataillon sacré. On n'a pas oublié la féroce impatience de Riégo qui, sans relâche, pressa l'attaque meurtrière et l'horrible boucherie de ses anciens frères d'armes; l'insolence du conseil d'état et de la municipalité, le stupide sang-froid du ministère dans ces jours de deuil, les alertes du château, le dévouement de l'*Infantado* et de *Las Amarillas*, les frayeurs de la reine et les déchirantes hésitations de Ferdinand. Il serait même inutile de retracer au milieu de ce sombre tableau le rôle cruellement niais du général Morillo. On le voit encore, il va, il vient, s'évertue en pourparlers et parlemente sans succès, comme le truchement méprisé de deux peuples qui ne s'entendent pas. Avec plus de générosité dans l'âme et plus de fixité dans les idées, il eût sauvé sa patrie; entraîné par l'ascendant de la multitude et la violence de la faction, un seul jour dévora son avenir et sa gloire passée.

Enfin , et pour parler avec la briéveté de l'historien des temps anciens qui marche à grands pas à travers les siècles , la tentative des gardes pour délivrer le Roi et comprimer la révolution , ne fit qu'aggraver le déplorable sort de l'un et précipiter la marche de l'autre; la plupart furent égorgés, mais non sans venger chèrement leur vie ; il fut plus facile de les tuer que de les faire souscrire à leur propre infamie , ils tombèrent les armes à la main. Plusieurs furent faits prisonniers , et l'on offrit aux Descamisados , comme l'avant goût d'une vengeance plus entière, le sang de Gabarra et du généreux Goiffieu.

L'Espagne placera parmi ses jours néfastes la journée du 7 juillet ; elle amena le triomphe des Républicains et la chute du parti modéré. A peine saisis du ministère , ils décrètent tout à la fois des illuminations et des supplices , des *Te Deum* et des proscriptions ; des serviteurs demeurés fidèles à Ferdinand , ils chassent les uns , poursuivent les autres , dressent des catégories de coupables , et profitent de l'incandescence de la faction pour étrangler au plus vîte le général *Élio*. Le Roi , sans leur ordre , ne peut plus sortir du palais , et les clubs , avec une atroce ironie, au lieu de St-Ildefonse et de l'Escurial, pour but d'un prochain voyage, lui désignent...... *l'échafaud.*

Dès cette fatale journée du 7 juillet, la guerre civile ne fut plus qu'une guerre à mort, qui ne pouvait cesser qu'après l'extermination du parti vaincu ; son principal théâtre fut toujours la Navarre et la Catalogne. C'est là qu'on se trouve en quelque sorte enseveli dans un cahos inextricable d'attaques imprévues et de défenses opiniâtres, de barbares succès et de sanglantes défaites ; c'est là que se livrent en un jour mille combats partiels, qui, par leur multiplicité , échappent à l'immortalité de l'histoire et ne laissent à la mémoire d'autres traces qu'un long souvenir d'effroi. On dirait que la fortune n'y balançait ses faveurs que pour mieux attiser l'acharnement des combattans. Si les royalistes échouent sous les murs de Vich et de Lérida, Balbastro et Mequinenza tombent en leur pouvoir ; Si Quesada laisse les champs de Boria couverts de ses guérillas massacrés , d'Erolles détruit une colonne de constitutionnels dans les défilés de Bennavari. Dans ce malheureux pays, on ne reconnaît alors qu'un droit, le plus terrible de tous , le *droit de représailles*, et l'exemple une fois donné par les constitutionnels, il n'y a plus de bornes à la violation des traités, aux atrocités après la victoire. C'est ainsi que d'Erolles ne put soustraire à l'exaspération de ses soldats le colonel Tabuença.

Madrid cependant est menacé d'un nouveau 2 septembre ; des assassins soudoyés, des chevaliers du *marteau* se portent en foule aux prisons qui regorgent de suspects, et menaçent une seconde fois d'en briser les portes ; le chef politique, *Palaréa*, accourt, et d'une voix qui ne leur était pas inconnue, leur ordonne de rentrer sur-le-champ dans leurs repaires, arguant de l'inopportunité de la mesure ; ils obéirent.

C'est sous de si effrayans auspices que s'ouvrirent les Cortès extraordinaires ; elles devaient répondre à l'attente des Communéros et des Descamisados. Cette époque est trop riche en faits pour courir après les phrases de la tribune. Qui ne connaît d'ailleurs les deux pivots de l'éloquence révolutionnaire ? Avant le crime, provocations ; après le crime, apologies..... Comme déclamateurs et comme législateurs, les membres de ces nouvelles Cortès imitèrent leurs devanciers ; pour combler le déficit que leurs déprédations ont élargi, ils ouvrent de nouveau l'abîme des emprunts; pour défendre la patrie, ils décrètent quelques milliers de soldats, sans songer qu'il faudra les nourrir et les chausser ; pour hâter la régénération de l'Espagne, ils provoquent la formation de nouveaux clubs, sans redouter l'enfantement subit du club Landaburien qui devait leur dicter des lois. Ils s'empressent en même temps de naturaliser dans la Péninsule la loi des suspects, et sur une liste à cet effet dressée, ils placent en tête Ferdinand qui ose refuser sa royale sanction.

Nous le demandons, quel acte de justice et de modération peut-on attendre de ces énergumènes, qui abandonnent aux Mina, aux Rotten, aux Torrijos, le soin de pacifier les provinces insurgées? et comment le royalisme, si long-temps opprimé et réduit à lui-même, ne succomberait-il pas aux prises avec la faction militaire, et sous le poids d'un gouvernement usurpateur acharné à sa perte, et plus épouvanté de ses soupirs que des cruels ravages de la peste ?

Cependant aux approches de Mina la terreur circule dans les campagnes, et la défection s'insinue dans les rangs de l'armée de la foi. Nul jamais ne mania avec plus d'habileté le puissant ressort de la crainte ; il s'avance précédé de la férocité de ses ordres du jour, et chacun de ses pas surpasse l'atrocité de ses menaces. Il organise, comme élément de succès, le pillage et l'incendie, et retient à la charrue, par l'inflexibilité de sa cruauté, les paysans que le Trappiste appelait sous ses drapeaux. Les guérillas s'évanouissent devant lui; elles résistent quelquefois, mais alors battues, désarmées et massacrées, elles grossissent les sanglans trophées du héros constitutionnel. Les places fortes un instant l'arrêtent; mais depuis que, les pieds baignés dans le sang de ses habitans, il eût rédigé, sur les débris fumans de *Castel-follit*, cette horrible proclamation, éternel monument de sa barbare frénésie ; tout cède, tout plie, et Mina balaye la Catalogne, tandis que son rival en patriotisme, Torrijos, replaçait la Navarre sous le joug révolutionnaire. D'Éroles lui-même recule et opère une savante retraite; la Régence s'enfuit à travers les Pyrénées, et voit ses destinées finir sur une terre hospitalière. Quel spectacle alors que ce Trappiste, couvert de cendres et de cilices, implorant à Toulouse au nom des fidèles Espagnols, le Dieu des armées, et en appelant à la justice divine du triomphe momentané de la révolte et de la félonie!

Victorieuse sur tous les points, la Révolution un instant s'arrête, contemple ses fruits amers et applaudit à son ouvrage. Qui, désormais, pourrait l'inquiéter dans son usurpation? Qui oserait contester sa légitimité, mettre en doute la justice de ses agressions? Qui?.... l'Europe entière; et l'Europe enfin désabusée des vaines théories des novateurs. Dans les murs de Vérone sont réunis les chefs augustes des peuples chrétiens; la royauté ne trompera pas ses hautes destinées; le Congrès a lancé son anathème, et les Pyrénées vont s'abaisser devant les soldats de la France qui brûlent de rajeunir leur valeur sous les yeux d'un Bourbon; c'est avec des Français que vont se mesurer les satellites des Cortès. Ils le savent, et déjà se sentent refoulés vers les coupables murs de Cadix.

Louis a parlé; soudain la Révolution espagnole pousse le cri de la détresse : ni son hypocrite modération de quelques jours, ni l'audace simulée de ses réponses diplomatiques ne sauraient la sauver, il faut que la révolte armée soit étouffée dans son berceau ; il faut que le glaive répare les maux du glaive. Au premier bruit semé de la marche de nos soldats, les royalistes rentrent de tous côtés sur le sol dévorant de la Navarre et de la Catalogne. Des Guérillas s'avancent jusqu'aux portes de Madrid ; le redoutable Mérino est à Burgos, et Bessières, par ses brusques apparitions, tient en échec les deux Castilles. Pour soutenir leur despotisme chancelant, quels si terribles coups vont donc porter les constitutionnels ?.. Ils iront en foule au théâtre applaudir la prostitution d'un grand d'Espagne, promener dans les rues de Madrid le prophète à contre-sens, le bavard Arguelles ; ils iront aussi sur un terrein neutre égorger quelques centaines de blessés qui tombent massacrés en invoquant la vengeance du Très-Haut et de la France.

On n'attend pas de nous que nous comptions jour par jour les outrages dont abreuve Ferdinand une faction qui prélude toujours au régicide par l'insulte et les menaces ; cette faction qui a placé sur le front du monarque une couronne d'épines et dans ses mains un sceptre de roseaux, pour mieux désigner *l'homme* au peuple souverain. Nous ne ferons pas à chacun sa part des lâches hardiesses et des sales impudences dont le trône est assailli. Hors de son palais, Ferdinand n'entend que des provocations meurtrières; dans son palais, ne voit que la figure des traîtres et la compassion dérisoire de ses geoliers.

Hâtons-nous d'ouvrir les Cortès ordinaires ; installons au plus vîte le nouveau ministère : le bruit des foudres vengeresses retentit déjà dans les gorges des Pyrénées. Ferdinand cependant boira jusques à la lie le calice des amertumes ; il ne s'agit de rien moins que de l'emmener hors de sa capitale pieds et poings liés. La majesté du souverain, la consternation des Castillans n'en imposent pas aux révoltés de l'ile de Léon, et le successeur de Charles-Quint, le descendant de Louis XIV, précieux ôtage de la trahison, est honteusement traîné parmi les bagages des Cortès. Ferdinand entre captif à Séville, non loin du jour où d'Angoulême était entré à Toulouse, au milieu des acclamations d'un peuple fidèle qui le saluait déjà du nom de vainqueur et de libérateur. Aux approches du héros, la révolution lâcha pied, et l'anarchie précipita sa fuite. On sait comment de retraites en retraites et de bravades en bravades, elles vinrent expirer sur les fortifications renversées du Trocadero. Nous ne les suivrons pas dans leurs dernières convulsions : un plus beau sujet nous appelle, l'étendard des lys se déploie sur les confins des deux royaumes ; cent mille Français, aux cris de vive le Roi, envahissent la Péninsule ; aux cris de vive le Roi, les soldats de la *Foi* marchent sous nos drapeaux. Partout on tresse des guirlandes de fleurs, et au lieu des *fourches caudines* dont la faction nous menaçait, les villes de tous côtés élèvent des arcs de triomphe; les paysans désertent leurs hameaux, accourent sur la voie publique et versant des larmes d'attendrissement et d'admiration, jettent leurs manteaux sous les pas victorieux de l'armée qu'un Bourbon conduit à la délivrance d'un Bourbon.

CHAPITRE DEUXIÈME.

De l'invasion des Français.

Certes, voilà bien de quoi dérider le front sévère de Clio, voilà bien de quoi donner à ses récits la solennité du chant épique ! Le trône de Charles-Quint indignement renversé par les Espagnols de 1812; ce trône miraculeusement rétabli en 1823 par des Français, que le panache d'Henri IV conduit à de nouvelles victoires; et ce prodige après tant de prodiges.... Quel sujet!.. quelle péripétie !

Un torrent déchaîné qui tombe avec fracas dans la plaine, arrachant, bouleversant, entraînant, confondus dans la fange de ses eaux, forêts, moissons et bergers et troupeaux, et dont la terre déchirée conserve avec effroi l'ineffaçable empreinte... Un fleuve majestueux et calme qui répand sur son passage l'abondance et la fécondité, fertilise les terres qu'il conquiert, les champs qu'il envahit, et ne rentre dans le lit accoutumé, qu'après avoir déposé sur l'aridité du sable l'espérance certaine des plus riches moissons..... Telle est la double image qui peut figurer à nos yeux la double invasion de la Péninsule, et c'est sous des traits pareils que la langue hiéroglyphique eût transmis à la postérité le mémorable souvenir de deux entreprises si diverses dans leurs causes et dans leurs résultats. L'une fut injuste dans ses motifs, folle et exterminatrice dans son plan, atroce et déplorable dans ses effets; l'autre a été dictée par la justice même, dirigée par la prudence, et conduite au plus brillant dénoûment par la valeur et la modération; l'une avait fait exécrer le nom de Français, l'autre l'a fait chérir même aux vaincus; celle-ci a sauvé l'Espagne des plus terribles réactions, celle-là dans un seul jour fit couler à Madrid le sang de huit mille victimes; en un mot, l'invasion de 1808 fût imposée à la plus généreuse des nations par un Corse usurpateur; l'invasion de 1823 au contraire a été discutée, consentie et accomplie par des Français à la tête desquels marchait le héros le plus français, le descendant de Saint-Louis , l'auguste petit-fils de Henri IV.

Maintenant que la Péninsule entière est pacifiée , que Ferdinand a été conquis par la bravoure de nos soldats et rendu à l'amour de ses sujets; que les parjures de l'île de Léon ne souillent plus de leur présence la terre classique de la fidélité , et qu'ils vont de royaume en royaume mendier un asile pour leur honteuse félonie; maintenant que les Français libérateurs rentrent de tous côtés dans leur patrie, que les bruyantes acclamations se prolongent des Alpes aux Pyrénées , et des rives du Rhin aux côtes de l'Ouest; que Paris, dans l'ivresse de sa joie , multiplie les ovations , poursuit des travaux long-temps interrompus , et sur un arc de triomphe dressé à d'autres fins , construit un chapiteau avec des lys et les pierres du Trocadero ; maintenant enfin , que la France entière tressaille en voyant le père des Bourbons embrasser son fils victorieux, et ce héros modeste déposer sa couronne de lauriers sur les cheveux blanchis dans l'exil du Roi législateur; il serait méséant de renouveler d'affligeantes discussions, il serait intempestif de ressusciter cette malencontreuse opposition qui jalousait notre avenir, et par de sinistres prophéties, des calculs mensongers, croyait paralyser le premier acte vigoureux de la Restauration. Nous ne rapprocherons pas ce qui s'est dit d'avec ce qui s'est fait : chacun encore se le rappelle. Eh bien ! notre commerce a été respecté, l'Angleterre est restée neutre, la sainte-alliance prête à agir, nos fonds ont augmenté, les Guérillas nous ont secondés, et le soldat, jeune d'années, mais vieux d'héroïsme et de fidélité, a foudroyé ces couleurs qu'on nous peignait *si séduisantes, si glorieuses, si redoutables*. Partout, au lieu de fourches caudines dont on les menaçait, nos guerriers n'ont rencontré que des palmes à cueillir, les trophées de la victoire et les touchans témoignages de la reconnaissance et de l'admiration. Après tant de prodiges, après tant de succès, l'opposition n'est plus à craindre ; le ridicule seul en fera désormais justice, et le vain bruit de son éloquence tribunitienne n'arrêtera plus le majestueux développement des institutions monarchiques.

Il nous paraît cependant important de revenir sur ce droit d'intervention qui nous a

valu tant de sophismes , tant de déclamations,
et , par compensation sans doute , le discours
solide et brillant à la fois du ministre des af-
faires étrangères.

Les règles d'équité qui dirigent l'homme
dans les rapports de la vie civile , par ana-
logie, dirigent aussi une nation dans les rapports politiques de peuple à peuple ; dans le
premier cas , l'homme est averti par sa conscience des infractions aux principes éternels
de la justice; dans le second, les mêmes viola-
tions entraînent les mêmes désapprobations ,
et l'opinion publique tient lieu de conscience.
Cela posé, nous le demandons, quelle était la
base première de tous les argumens contre la
guerre? L'utile. Quel était le texte obligé de
tous les discoureurs ? Les dangers de l'entreprise. Eh bien! une entreprise peut être à la
fois périlleuse , nuisible même hypothétique-
ment, sans cesser d'être noble, grande, généreuse, sans cesser d'être juste. Le droit repose
sur la conformité d'une action avec les principes innés de la justice, et non sur l'intérêt
variable et contradictoire des partis. Le succès
ne fait rien ici et ne corrompt pas la sainteté
d'une cause. La Vendée ne fût pas moins

Vendée , lorsqu'elle se vit acculée dans le Bocage qu'incendiaient de tous côtés les soldats de la République ; et la France, échouant dans les champs de la Catalogne ou dans les plaines de la Castille, eût regretté ses enfans , sans s'imputer à crime la plus généreuse des invasions. Lorsqu'il s'agira de l'honneur du pays, de la dignité de la couronne , la France jamais n'hésitera ; mais en 1823 , il y allait aussi de sa conservation ; oui, c'était l'instinct même de sa conservation qui la poussait à la guerre, et pour échapper aux discordes civiles chez elle , il lui fallait à tout prix , les étouffer chez une nation voisine. Lorsque le feu s'est déclaré dans un quartier , toute la ville est en émoi, toute la ville intervient en masse, et les sophistes ne s'amusent pas alors à discuter le droit d'intervention ; les voleurs seuls, sans discourir , profitent du désordre et moissonnent dans les flammes.

Ainsi sans recourir aux distinctions subtiles du droit civil et du droit naturel, sans feuilleter Puffendorf, Grotius ou Burlamaqui, l'intervention de la France avait pour elle, ce qui tranche la question, l'assentiment de la conscience publique et de la raison générale ; il ne lui manquait que la sanction des événemens : dans un pays dépouillé de ses vieilles croyances, dans une société dissoute où le septicisme a réduit, en vapeurs impalpables et nébuleuses les sentimens primitifs de la morale et du beau idéal, le succès est le premier des argumens, et la victoire le plus terrible des syllogismes. Aussi le dénoûment de Cadix a-t-il été un coup de massue pour les vociférateurs de la paix ; s'ils ne mêlent point leurs clameurs mensongères aux chants d'allégresse qui retentissent de Gibraltar au Pas-de-Calais, ils se taisent du moins ; c'est tout ce qu'on pouvait exiger et leur silence d'ailleurs est assez expressif.

Ce n'est donc pas à eux que nous adresserons une dernière considération, mais bien à ces royalistes méticuleux qui tremblent toujours aux approches des grandes mesures, et qui ne voient pas que la France a, de toutes les monarchies d'Europe, la plus forte complexion ; qui ne voient pas que, dans le plan général des lois morales, le désordre partiel n'est qu'une occasion de faire triompher l'ordre général, et que la Providence, par une guerre, peut raffermir un trône que minait l'oisiveté de la paix.

L'exemple de nos discordes civiles avait été

perdu pour l'Espagne ; elle voulut aussi goûter des fruits amers d'un pouvoir usurpé ; ses enfans se ruèrent sur la royauté, la dépouil-lèrent de sa tunique, et la jetant au sort, s'en disputèrent les tristes lambeaux. On sait com-bien nos folies révolutionnaires ont trouvé d'imitateurs dans ce malheureux pays ; on sait que d'épouvantables atrocités ont été pré-venues, et que ce n'est pas le moindre titre de la gloire de notre armée ; mais ce que l'on n'a pas assez remarqué, selon nous, c'est que la Providence a voulu que les Français fussent comprimer des opinions qu'avaient peut-être exaltées leurs pères, et exalter des croyances qu'ils avaient peut-être bafouées ; c'est que la France a été foudroyer, aux cris de vive le Roi, un drapeau qui ombragea plusieurs de ses trophées et qui ne saurait être désormais que l'étendard de la révolte.

Nous reviendrons plus tard sur ces revire-mens complets des hommes, des opinions et des choses, et nous démontrerons que le mi-nistère eût été bien coupable de laisser échap-per une occasion si favorable pour consolider à jamais, à l'ombre des lauriers, le trône et nos institutions publiques.

Phénomène assez étrange! Il y avait de l'humanité, et une humanité bien prévoyante, à vouloir la guerre, et les meilleures gens du monde furent tout-à-coup surpris de se trouver l'humeur envahissante ; les fanfarons des cent jours, au contraire, tous ceux qui pendant 25 ans d'usurpation n'avaient respiré à l'aise que dans les forteresses et sur les champs de bataille ; les poltrons qui de leur cabinet n'avaient cessé de chanter les heureux du jour et les braves des braves; tous ces hommes de l'Empire et de la Révolution firent chorus, et pour conserver la paix, ils eussent bouleversé la terre. Un tel état de choses est facile à expliquer :

Les Français allaient moins envahir la Péninsule que les terres, domaines et appartenances récemment acquis à la révolution par le plus saint des devoirs, *l'insurrection*; c'était véritablement ici une guerre de principes contre-révolutionnaires, une guerre à la souveraineté du peuple et à toutes les belles théories que ne put constituer chez nous l'assemblée constituante. Dans cette nouvelle croisade, les Français allaient seuls affronter les périls de l'attaque ; seuls ils se chargeaient de la délivrance de cette terre de la fidélité , et déjà on pressentait le moment où il faudrait couronner leur front victorieux des lauriers de la légitimité. *Indè iræ...* Telle était la cause de l'irritabilité de la faction ; ses adeptes se disaient en parodiant deux vers connus :

> La révolte est une île escarpée et sans bords ,
> On n'y peut plus rentrer dès qu'on en est dehors.

Et pour s'y maintenir, ils ne cessaient d'y envoyer des hommes, des armes et de l'argent. On sait ce qu'il advint : les hommes furent sabrés et foudroyés, et les armes et l'argent servirent à payer et armer les soldats de la foi ; delà leur morne silence et leur taciturnité lugubre.

On a prétendu que la France s'était éloignée des anciennes maximes de la diplomatie européenne ; oui, sans doute, elle s'en est éloignée ; mais ce n'est point en intervenant , mais bien en intervenant avec franchise et à découvert. Depuis que la boussole et l'imprimerie ont brisé les barrières qui séparaient les nations, l'histoire ne nous montre qu'une série d'interventions ténébreuses , et qui, le plus souvent, n'avaient pour but que de perpétuer les agitations intestines des pays ennemis. Certes, notre intervention ne manque pas de l'autorité des précédens ; proclamée du haut du trône, ordonnée comme un remède extrême aux extrêmes malheurs , conduite avec une générosité et un désintéressement inouis , elle n'apparaîtra pas , à nos derniers neveux , comme le prodige le moins étonnant d'un siècle de prodiges. L'histoire leur apprendra , si l'ordre alors est rentré dans la société , et si les monarchies d'Europe se sont rassises sur leurs fondemens ébranlés ; qu'il fut un temps où l'on classait les hommes , non par la position géographique du pays , l'identité des mœurs , un langage commun , mais bien par leur adhésion à telle ou telle doctrine politique ; qu'il fut un temps où les souverains furent contraints à ne voir en Europe que des monarchistes et des libéraux , c'est-à-dire, des conservateurs et des destructeurs ; contraints de former une sainte alliance contre les alliances ténébreuses des passions viles et du Carbonarisme. Dans un tel état de choses , il n'y a pas d'intervention possible , dans ce sens que le théâtre de la guerre est indifférent, et qu'il ne s'agit, quelque soit l'uniforme , que de défendre la civisation contre de barbares novateurs et de protéger ceux qui ont, contre ceux qui veulent avoir.

En réduisant à leur juste valeur les craintes d'une mensongère exagération et les sinistres prophéties de l'opposition en France, il n'en était pas moins constant que l'intervention allait momentanément nous placer dans une position critique. Honneur au ministère qui a tout prévu dans sa sage longanimité, et qui, au moment favorable, n'a pas reculé devant une agression devenue nécessaire au salut des deux plus grandes monarchies du Midi.

Cette agression n'était pas sans périls, et, partant, elle n'en était que plus glorieuse. L'Espagne à envahir, une armée à éprouver, une faction à contenir... ce ne sont pas là des jeux d'enfans, et il y avait matière à réflexions. Le théâtre de la guerre réveillait une foule de souvenirs qui nous étaient contraires; c'était là qu'avait échoué le génie militaire de Napoléon; là qu'avait succombé la valeur de 600,000 soldats. Leurs ossemens pouvaient se redresser dans les gorges de la Navarre, dans les défilés de l'Aragon, et frapper d'épouvante le jeune conscrit qui descendait, le cœur ému, des hauteurs des Pyrénées, et jetait sur l'horizon de France un dernier regard plein de fâcheux pressentimens. L'Espagne était encore depuis deux ans le refuge de toutes les trahisons, de toutes les perfidies. Le drapeau tricolore, déshérité de ses beaux souvenirs, impuissant talisman sur des cœurs généreux, s'y déployait avec forfanterie aux yeux de nos soldats ; c'était une grossière séduction, au milieu des séductions plus habiles que développait dans l'ombre la faction libérale qui se retrouve partout où se trouvent les ennemis de la France. Cette faction s'agitait sourdement dans l'intérieur ; elle n'attendait qu'un revers, que le signal d'une défection, pour lever hardiment la tête et dévorer le trône ; le gouvernement avait à se défendre au dehors et au dedans, en présence de la liberté hostile des presses jacobines.

Les premiers coups de canon de notre brave artillerie dissipèrent les sinistres nuages, et des bords de la Bidassoa jusqu'aux murs de Cadix, tout ne fut qu'un brillant enchaînement de succès, de victoires et de triomphes.

Dans cette mémorable campagne, on cherche envain l'œuvre du hasard ; elle s'est développée avec éclat et rapidité, et le dénoûment a présenté tout l'intérêt d'un drame conduit avec habileté. On admire moins encore les nobles résultats de l'entreprise que la pureté de ses motifs, et la sagesse de son plan. Quant à la valeur de nos soldats et à la généreuse intervention des vainqueurs, c'est au-dessus de nos éloges. C'est à la poésie à élever en l'honneur de notre armée un monument plus durable que le bronze et l'airain; nous-mêmes, faibles prosateurs, en abordant de si hauts sujets, nous voudrions nous élever à la hauteur des inspirations poétiques et transporter les hardiesses de la langue sacrée dans les régulières combinaisons de la langue vulgaire.

Le premier élément du succès a été dans les motifs mêmes de cette glorieuse entreprise : jamais la politique des cabinets n'enfanta rien de si généreux, de si héroïque, et jamais l'appel à la force ne fut à tant de titres un appel à l'équité et à la justice universelle. Etait-ce pour usurper sur la monarchie espagnole une influence tyrannique, pour incorporer à la France la Catalogne ou la Navarre; était-ce du moins pour conquérir avec Cadix de riches indemnités et les dépouilles d'une nation divisée, que les soldats de la France se précipitent vers les Pyrénées et vont affronter un climat ennemi , les pièges de la perfidie et les hazards de la guerre? Non: ils ne se sont armés que pour désarmer les oppresseurs ; ils n'entrent dans la Péninsule que pour en chasser , au prix de leur sang , les Cortès tyranniques qui l'accablaient ; il s'agit de venger la cause des Rois trop long-temps délaissée par eux-mêmes ; il s'agit de briser les fers d'un monarque notre fidèle allié ; il s'agit de rendre au repos et au bonheur une nation généreuse digne d'un meilleur sort. Dès-lors la guerre est décidée, et pour un si noble but, la France se dépouille de ses trésors et de ses armées. Qu'on ne s'étonne donc pas de l'accueil fait aux Français ; qu'on ne s'étonne pas que tandis qu'à la tribune on nous opposait, pour défendre le territoire sacré, jusqu'aux guérillas de Bessières, de d'E-roles et de Merino , les généraux constitution-nels eux-mêmes soient venus se ranger sous l'é-tendard des lys, et que Ballesteros, comme Que-sada, Morillo, comme le Trappiste, ayent reçu avec orgueil les ordres du Héros français. Lorsque le soleil, chassant les dernières froidures de l'hiver , visite le nord le plus lointain, l'habitant du pôle salue par des cris de joie le Père du jour et court avec transport au devant de sa lumière bienfaisante; tel a paru aux provinces espagnoles le prince généralissime, le noble orgueil de la France et des Bourbons.

L'habileté du plan de campagne n'a pas moins contribué que le désintéressement de la France au succès rapide de nos armes. Ce plan est un chef-d'œuvre de stratégie , et il a fait l'admiration des hommes versés dans la tactique militaire. Nous emprunterons au Journal des Débats du 12 octobre , le tableau rapide de cette campagne : en revêtant les formes de l'éloge , il est en tout conforme à la vérité , et le ton du panégyriste se rapproche beaucoup du style sévère et concis de l'historien.

« Alors s'ouvrit , dit ce journal , cette cam-
» pagne dont le plan tracé par le duc d'Angou-
» lême fait l'admiration des hommes qui s'oc-
» cupent de l'art militaire. La Catalogne eut son
» armée à part, où les généraux Damas, Don-
» nadieu , Curial , d'Eroles , sous les ordres
» d'un vieux maréchal plein d'honneur , ont
» montré tout ce que peuvent l'activité, la pa-
» tience et le courage. En même temps les
» places fortes de la Navarre et des Biscayes
» furent masquées par les généraux Hohenlohe,
» Canuel et d'Espagne. Les provinces en deçà

» de l'Ebre étant ainsi occupées, deux colonnes
» partirent l'une sous la conduite du général
» Molitor, l'autre sous les ordres du général
» Bourke ; la première commençant par le
» combat de Logrono et forçant Ballesteros à
» capituler devant Grenade, après avoir délivré
» du joug révolutionnaire la Catalogne et les
» royaumes de Valence et de Murcie ; la seconde
» chassant les rebelles des Asturies et des
» Galices, et déterminant la soumission de
» Morillo. »

« Au centre de ces deux colonnes qui, net-
» toyant les côtes occidentales et orientales de
» l'Espagne, étaient destinées à se rejoindre
» sous les murs de Cadix, marchait la colonne
» qui, sous les ordres mêmes du prince géné-
» ralissime, devait arriver par un chemin plus
» direct au dernier rempart de la révolution.
» Le prince s'arrête un moment à Madrid, or-
» ganise le gouvernement espagnol que les
» grandes puissances du continent reconnais-
» sent, envoie devant lui les généraux Bour-
» mont et Bourdesoulle, dirige le mouvement
» des divisions Bourke et Molitor, et lorsqu'elles
» sont parvenues à la hauteur déterminée, va
» lui-même emporter le Trocadero, bombarder

» Cadix , forcer cette ville réputée imprenable
» à lui ouvrir ses portes et à lui rendre le royal
» prisonnier. »

Pendant tout le cours de la campagne , nos jeunes soldats ont développé tout ce qu'a de brillant et d'impétueux la bravoure française , le sang-froid des vieilles troupes et la sévère discipline d'un corps d'élite. Vouloir énumérer les traits d'audace et de bravoure personnelle , serait tenter de compter les flots amoncelés de l'Océan ; la plupart sont restés ensevelis dans la gloire commune et dans l'éclat même du succès général. Par un singulier privilège, le trait hardi d'un jeune tambour a été remarqué et le nom de Matrot est inscrit au temple de mémoire. Ce n'est point à notre faible voix à servir d'écho aux cent voix retentissantes de la Renommée qui déjà a célébré dans l'Europe attentative la gloire nouvelle de nos armées , et la réapparition des vertus guerrières qui ont immortalisé les Turenne et les Catinat. Nous n'ouvrirons pas dans cet écrit des colonnes d'héroïsme où viendraient se presser en foule mille noms chers à la France, et délivrer de notre autorité privée des brevets d'immortalité; notre témérité n'ira pas jusque là : les souve-

nirs de Logrono , de Saint-Sébastien , de la
Corogne, de Vich, de Castelsort, des Rochers
de Fraga , de Santi-Petri , du Trocadero , vivront éternellement dans les cœurs français ; le
temps n'y peut rien. La muse de l'histoire d'admiration a laissé tomber son burin ; la poésie
s'en est emparée et en vers dignes du grand
siècle, a chanté des exploits que Louis XIV lui-
même eût enviés ; a chanté les chevaliers sans
peur et sans reproche, les héritiers des Dugues-
clin et des Bayard que la patrie a retrouvés avec
ses Bourbons. Assez d'autres, sans nous , ont
acquitté à leur égard le tribut de la publique
reconnaissance ; tous se sont élevés à la hauteur du sujet et il ne faut pas qu'un écrivain
tardif . sans force et sans voix ,

« Touchant à leurs lauriers, s'expose à les flétrir. »

CHAPITRE TROISIÈME.

Des résultats de la guerre d'Espagne.

Mais Rome prise enfin, seigneur, où courons-nous ?

Le paradoxe triomphe sur le déclin des littératures : néanmoins cet écrit ne sera pas une nouvelle offrande déposée par une main novice sur son grotesque autel. Loin de nous de chercher à bégayer une révoltante apologie! La guerre sera affreuse tant qu'il sera affreux de voir *des hommes s'entre-tuer sans se haïr;* elle sera toujours affreuse, parce qu'elle est un puissant véhicule de barbarie, qu'elle relâche les liens de famille et tue l'esprit religieux. C'est dans la licence des camps que se formèrent les Salmonées et les Mezences, contempteurs des Dieux et bourreaux des hommes ; c'est au milieu du cliquetis des armes que nos an-cêtres, d'ailleurs si pieux, prononcèrent le pre-

mier *Jarnidi* (*), qui de la tente passa bientôt
dans la chaumière. Notre but n'est donc pas
de réhabiliter l'un des terribles fléaux de
l'espèce, et notre indignation contre les con-
quérans est aussi vigoureuse, aussi positive
que la haine qu'ils inspirent aux vaincus et les
larmes de désespoir dont chacun de leurs sanglans lauriers est abreuvé.

Si, cependant, le glaive avait sauvé plus de
victimes qu'il n'avait frappé d'ennemis, s'il
s'était rencontré un héros, sublime envahis-
seur d'un pays en proie à l'anarchie, qui, pour
coup d'essai dans le grand art des combats,
nous offrît une vaste Péninsule en trois mois
conquise, et pour noble résultat de ses triomphes, la révolte abattue à ses pieds, la cause
des Rois vengée et nos libertés publiques as-
sises enfin sur l'inébranlable fondement de la
légitimité victorieuse ; si ce héros avait fait de
nos soldats autant de héros de justice, de
bravoure et de modération ; certes, alors, il serait permis d'entonner l'hymne de la reconnaissance et de dérouler avec enthousiasme
les incalculables conséquences de la plus inouïe
des invasions.

(*) Je renie Dieu.

Nous dirons ce que la monarchie a gagné dans cette lutte corps à corps avec la félonie, de quel joug tyrannique l'Espagne a été délivrée, comment la bravoure des Français a précipité la marche du temps pour la Restauration, qu'elle a fortifiée d'un siècle d'existence dans le court espace d'un été.

Il est plein d'avenir ce miraculeux rétablissement du trône espagnol; et les événemens de 1823 ne le cèdent point en importance aux mémorables catastrophes de 1814 : une nation, que la corruption des mœurs n'a point dégradée, tôt ou tard se soustrait au joug de l'usurpation, tôt ou tard brise la domination étrangère; mais la contagion du régime populaire, mais les séductions d'une fausse liberté sont autrement pernicieuses, et la chute de Napoléon a moins de quoi surprendre que l'anéantissement du libéralisme, qui touche par tant de points aux plus intimes faiblesses du cœur humain.

La guerre d'Espagne était la plus grande question européenne qui de long-temps se fût agitée : la vieille Europe est toute monarchique et ne peut se sauver que par le monarchisme. Ce n'est déjà que trop que le Nouveau-

Monde soit la proie des systèmes démocratiques et des turbulences républicaines : là , du
moins , je découvre de vastes déserts , des forêts vierges, des savanes délaissées... Les provinces n'y regorgent pas de prolétaires, et la
terre , en cédant au premier occupant, enfante
à la civilisation de barbares agresseurs; mais
en France, mais en Europe , il n'y a pas de terres vagues, il n'y a pas de positions sociales
abandonnées : le contre-coup du premier en-
vahissement ébranle et bouleverse la propriété
et le privilège sur lesquels repose le mécanisme
des sociétés modernes.

Le jour où l'Espagne a été délivrée, le jour
où le libéralisme armé a été pour jamais abattu,
doit être célébré comme un jour de délivrance
pour la vieille civilisation. Vainement on a
comparé les envahissemens ténébreux du libéralisme aux progrès, d'abord obscurs, puis éclatans et rapides de la religion chrétienne ; ce
n'est qu'un blasphême ajouté à tant d'autres
blasphêmes. S'il fallait faire à cette fille du ciel
l'injure d'un parallèle repoussant, il nous suffirait de dire : le christianisme, resserré dans
l'ombre des catacombes, ne se propagea que
par la foi qui n'est qu'abnégation , par l'espé-

rance qui n'est que résignation et obéissance à l'ordre établi ; par la charité qui n'est qu'amour et expansions généreuses; les trois vertus théologales du libéralisme ne sont au contraire, comme chacun sait, que la haine, l'audace et la destruction. Le christianisme attirait à lui tout ce que la société païenne recélait, dans sa corruption, d'âmes pures, d'hommes intègres et vertueux ; on sait encore dans quels rangs le libéralisme recrute ses adeptes. Le christianisme enfin, s'il faut parler par images, épanchait une bienfaisante lumière , une douce chaleur qui, pénétrant toutes les institutions , a rendu modérés les gouvernemens les plus barbares. Le libéralisme n'est qu'un feu volcanique qui corrode jusqu'à l'élément vital et vient expirer et s'éteindre sur un tas de cendres et de débris, déplorables reliques de son action malfaisante.

On se rappelle la hardiesse des projets , la *vastitude* des complots que la faction avait tramés en 1818 et 1819. Ils n'en voulaient rien moins qu'à l'Europe entière, et les Jacobins de toutes les latitudes attendaient, comme des conjurés impatiens, que l'heure du sanglant Jubilé eût sonné. Des associations maçonniques, des affiliations clandestines, des *ventes* mystérieuses depuis long-temps étaient formées dans les divers états du Nord et du Midi : les montagnes d'Écosse répétaient le mot d'ordre qui partait du pied du Vésuve, et des émissaires de Cadix allaient jusque dans les déserts de Sibérie recruter des partisans. Les commotions de la terre ébranlée ne se communiquent pas avec plus de rapidité ; avec plus de rapidité la foudre ne sillonne pas les airs... La révolte mal abattue s'est redressée de tous côtés en France, en Prusse, en Angleterre, en Allemagne ; le Piémont fléchit, Naples est emporté et l'Espagne succombe ; la Péninsule est devenue le camp retranché de la révolution, et celle-ci se croit assez forte déja pour appeler en champ clos la royauté. La lutte n'a point été longue ; le pouvoir triomphera toujours, tant qu'il se présentera en force à ses ennemis. Depuis l'heureuse invasion des Français, la faction n'a plus d'asile sur le continent ; et l'Europe qui s'était ébranlée toute entière en 1813 pour délivrer la France du joug de l'usurpateur, a été par elle délivrée des fureurs démocratiques et du fléau de l'anarchie.

C'est surtout aux deux grandes monarchies

du Midi que doit profiter la brillante expédition de notre armée. L'Espagne est enfin délivrée du despotisme des factions et de l'insup-
portable joug d'une assemblée populaire. Le
règne des Cortès s'est évanoui , mais non les
germes de discorde qu'elles semèrent de tous
côtés. La justice du souverain peut en un
jour punir et frapper les coupables , mais il
faut du temps et une prudence sur-humaine
pour effacer les derniers vestiges du crime et
de la rébellion. Espérons tout de la royauté ,
rendue à son libre arbitre, et mieux éclairée sur
ce qui fait la force du pouvoir et le bonheur
des sujets.

L'Espagne n'a rien à envier à ses voisins ;
elle est appelée, par sa position , à dominer un
jour sur les mers ; la fertilité de son sol lui
assure les tributs du Nord ; elle peut rappeler
avec orgueil les souvenirs du passé, et opposer
à ses ennemis l'austérité de ses mœurs comme
un formidable rempart. Mais s'il est vrai qu'avec
tous ces avantages, ce pays a des pertes im-
menses de population à réparer, une agricul-
ture languissante à ranimer , une industrie
morte à ressusciter , sous tous ces rapports les

Français sont d'excellens maîtres, et leur séjour, même momentané , ne sera pas perdu pour la Péninsule.

Il est de la nature des invasions de tarir les sources de la prospérité publique ; notre invasion, qui devait ne ressembler à rien dans ses motifs , dans ses moyens , comme dans ses effets , a laissé pour de longues années , dans les bourgs et les campagnes qui l'ont subie , une véritable aisance , due au numéraire importé par notre armée ; il n'a été question pour elle ni d'exactions , ni d'emprunts volontaires ou forcés, ni de prestations en nature ; on eût dit d'une caravane de voyageurs qui laissaient en partant sur la table de leur hôte le prix généreux de son hospitalité. C'est leur noble désintéressement, c'est leur discipline imperturbable qui a frappé l'Espagnol d'un profond enthousiasme. « Est-ce bien là , disait-il , le même peuple qui naguères incendiait nos moissons, pillait nos temples , renversait nos villes et foudroyait nos paisibles populations ? Comment donc s'est opéré un changement si brusque et si complet ?» Un seul mot l'explique : la légitimité !... Avec elle renaissent de toutes parts les vertus natives d'un grand peuple, tandis que sur les domaines de l'usurpation, on ne voit croître et prospérer qu'une moisson de vices inconnus ; nouveaux motifs pour l'habitant de la Péninsule de chérir Ferdinand, de défendre son Roi, puisqu'il est Bourbon, comme le Bourbon qui l'a si glorieusement délivré.

L'Espagne doit beaucoup espérer de l'influence des Tuileries sur le cabinet de Madrid. Tout accorder aux exigences du siècle, c'est précipiter sa chute ; tout méconnaître dans les nouveaux rapports de la société, c'est exciter de dangereuses résistances, c'est compromettre la sûreté du trône et la tranquillité de l'état. Louis XVIII est un modèle à proposer à tous les législateurs, et les souverains placés sur le sol glissant des restaurations n'étudieraient point en vain sa haute prudence et l'habileté de ses conseils ; il a su consolider une des plus étonnantes variations qu'ait subies la monarchie française, sans déplacer, sans amoindrir le pouvoir ; il a su élargir son action en la tempérant d'une manière plus régulière et en créant pour toutes les sommités de la société une participation réelle à la législation du pays. Par un admirable effet de ses conceptions, la royauté, la noblesse, l'église et le peuple, ont gagné dans l'établissement de la Charte, et la bonne foi cherche encore la classe de citoyens qui peut y avoir perdu. Aussi voyez-le calme tenir vigoureusement les rênes de l'état, alors qu'autour de lui croulaient trois trônes..... alors que sur trois points de son royaume la révolte menaçante s'excitait à de nouveaux attentats. Voilà des faits qui parlent plus haut que tous les conseils, et qui ne seront pas perdus pour l'instruction des têtes couronnées et le bonheur des nations. Plus que tout autre, la Péninsule en profitera, non qu'elle ait besoin d'une constitution écrite ailleurs que dans les ordonnances de ses Rois, et que nous prétendions que la Charte française doive être l'inévitable patron des réformes politiques ; nous l'avons dit ailleurs(1), et nous le répétons : Tous les peuples ont droit à la liberté civile, car sans elle on ne conçoit pas de société ; mais la liberté politique est d'une nature plus élevée : c'est une nourriture forte et substantielle qui ne convient point à tous les estomacs. Pour certaines nations l'autorité du souverain ne doit trouver de contrepoids que dans les doléances solen-

____

(1) De la Charte et des partis en France.

nelles des trois-états, et la loi ne doit apparaître
que semblable à l'éclair long-temps enseveli
dans l'ombre des nuages.

Mais il est temps d'envisager la dernière
guerre dans les résultats qu'elle peut avoir
pour la France.

Un gouvernement qui, dans une entreprise
quelconque, entraîné par l'enthousiasme religieux ou par l'ardeur chevaleresque, ferait
abnégation complète des intérêts réels du
pays, ne saurait trouver grâce aux yeux du
politique qui en toutes choses considère la fin.
L'égoïsme, si honteux lorsqu'il se concentre
dans l'individu, n'a rien que de louable alors
qu'il s'applique à ces vastes agrégations d'hommes que l'on nomme nations. Un Roi doit à
ses sujets un attachement exclusif, et, par tous
les moyens que l'équité ne désavoue pas, doit
les protéger contre les fléaux qui peuvent
venir du dehors. Cela posé, la justice de notre
invasion était aussi évidente, qu'évidens étaient
les dangers qui menaçaient la France du côté
des Pyrénées. On ne contesterait pas avec
plus de fondement aujourd'hui les heureuses
conséquences de cette guerre et l'influence
qu'elle doit exercer sur nos destinées ; par elle,
ont été consolidées nos institutions gravement

compromises par une faction ; par elle, s'est raffermi le trône des Bourbons que cette faction avait placé dans un péril imminent ; par elle enfin, s'est consommé le triomphe de l'opinion monarchique hors de laquelle il n'est pas de salut pour notre patrie.

Et d'abord que répondraient nos adversaires si nous leurs disions, sur le ton d'autorité qui leur est si familier : « La guerre d'Espagne n'a » pas tué le commerce français, comme vous » le proclamiez du haut de la tribune ; vous en » êtes réduits à déplorer avec plus de sincé- » rité le peu d'effet de vos mensongères pré- » voyances et de vos sinistres prophéties. Protégé » par nos escadres, le marchand du Hâvre et de » Bordeaux a parcouru sans danger et l'une et » l'autre mer ; nos ports ont redoublé d'activité, » et quelques misérables captures ont à peine » révélé l'existence de ces milliers de corsaires » dont votre imagination séditieuse avait peuplé » l'Océan et la Méditerranée. Le premier coup » de canon tiré par delà les monts, en reten- » tissant dans la Bourse de Paris, n'a point » ébranlé le crédit public, et n'a renversé que » les dernières espérances des factieux. Le » ministère, dans vos rangs, a rencontré de

» bénévoles souscripteurs d'emprunts ; vos
» spéculations financières valaient mieux que
» vos déclamations politiques, et votre con-
» fiance dans la rente rendait ridicules vos
» alarmes de convention. Cessez de nous répé-
» ter encore que l'inquisition et le pouvoir
» absolu ne valaient pas tant de sublimes efforts;
» il est des choses qui les valaient ces sublimes
» efforts et que nous pourrions aisément nom-
» mer....... » Ne précipitons pas toutefois nos
attaques, et ne brusquons pas les objections
de nos sophistes libéraux, comme nos soldats
ont brusqué les retranchemens des Descamisados espagnols.

On peut évaluer l'importance d'une colonie,
une portion quelconque de territoire; la sécurité de l'état et la dignité du trône ne s'évaluent
pas. La Révolution espagnole avait ébranlé ces
deux premières conditions de notre existence
politique; pour les raffermir la guerre fut dé-
clarée et devait l'être assurément. Etait-ce donc
là de si minces intérêts? Et croit-on qu'une
centaine de cargaisons de poivre et de canelle
eussent dû l'emporter au conseil sur l'honneur
du nom français et le maintien de l'ordre social?

La plus impérieuse des raisons d'état avait

fait au gouvernement un devoir de cette première guerre de la Restauration ; cette nécessité d'agir était une bonne fortune. Bien qu'ag-
gressive dans la forme, la guerre n'était que
défensive au fond. Les Français n'allaient revendiquer à main armée ni un royaume ni une
seule province, ni même une seule forteresse;
dès lors il n'est point étonnant que la victoire
ne nous ait donné ni un royaume, ni des provinces, ni même une seule forteresse. Il s'agissait bien d'autre chose que d'une augmentation
de territoire ! Ce serait cependant une bien
déplorable disposition d'esprit que de regretter
les quelques cents millions dépensés par de là
les Pyrénées : de toutes les dépenses du budget
il n'en est pas d'une plus grande utilité publique, puisqu'ils consolident à jamais le repos
de la France, la légitimité et le maintien de nos
institutions. Il est, nous le savons, des esprits
rétrécis qui, ne raisonnant que par addition et
soustraction, chaque jour s'appitoyent sur la
politique du cabinet qui leur paraît avoir été
et trop généreuse et par trop désintéressée.
Avec les plus riches indemnités, l'Espagne nous
devait-elle et le port de Cadix et les îles Baléares
et une vaste portion du territoire américain ?

De pareilles exigences n'eussent point été françaises et pouvaient être assurément fort impo-
litiques. La cession de Cadix et des îles Baléares
ne pouvait nous donner aucun avantage que ne
nous offre plus complètement l'étroite alliance
des deux monarchies ; cette cession pouvait
exciter les susceptibilités mal endormies de
notre éternelle rivale , dans un moment où
l'Europe entière ne doit et ne veut s'occuper
que de l'affermissement des trônes et du principe social. Quant aux possessions espagnoles
de l'une et l'autre Amérique , que pouvaient-
elles être pour nous, si ce n'est un vaste théâtre
où la France pour ennemis aurait eu le sol et
les indigènes, le climat et les Espagnols ?

Apprenons enfin à nous méfier de nos impa-
tiences et à nous confier un peu plus dans la
prudence du gouvernement ; cette pacifique
disposition est la seule condition qui nous
manque pour être heureux : car nous avons un
monarque plein de sagesse et des ministres habiles et dont la fidélité fut connue dans les
mauvais jours. Sans doute que ces ministres
ont su déjà apprécier notre position à l'égard
de l'Espagne ; elle ne fut jamais si favorable.
L'influence du cabinet servira nos intérêts com-

merciaux et l'industrie nationale recouvrera
sans vexation les énormes frais de la guerre.

Ceux dont l'imagination est encore ébranlée
par les épouvantables guerres de l'Empire et le
fracas de nos armées républicaines , ceux qui
voudraient que chaque bataille entraînât la
perte d'un état et chaque campagne le renver-
sement d'une dynastie; ceux enfin qui, dans le
cours des choses humaines, ne cherchent que
des émotions fortes et chaque jour, dans la
gazette, voudraient trouver le sauvage intérêt
du plus barbare mélodrame ; ces hommes , il
faut en convenir , ne pourront jamais admirer
la savante tactique du prince généralissime, ni
le brillant dénoûment de son héroïque expédition : on les verra sourire lorsqu'on leur
parlera des conséquences de l'invasion , et la
gloire de nos jeunes armées leur paraîtra à peine
digne d'un état du troisième ordre. Cependant,
et en mettant de côté tout ce que cette guerre
a eu de merveilleux et de chevaleresque , elle
n'est pas moins l'événement le plus mémorable,
elle se rattache au rétablissement de la dynastie
légitime comme son complément nécessaire,
et sous le rapport militaire, c'est le passage
d'une tactique grossière et brutale à une tac-

tique plus humaine et plus savante ; les états européens ne s'arracheront plus de leurs fondemens pour se ruer les uns sur les autres , mais des chefs habiles , avares du sang des hommes, lutteront de prudence , d'habileté et de bravoure dans le grand art des combats, que Buonaparte avait jeté hors de toutes les proportions et des usages reçus chez les peuples civilisés.

L'importance de ces résultats ne pourra être contestée que par ces libéraux qui , par répugnance pour la dynastie, maudissent jusqu'aux lauriers dont les Bourbons décorent la patrie, et repoussent leurs enfans qu'une nouvelle gloire leur a rendus odieux.

On ne l'a point assez remarqué : depuis la Restauration tout a merveilleusement concouru à l'affermissement de la dynastie légitime jusqu'à la catastrophe du 20 mars et à l'horrible attentat du 13 février. Les conspirations elles-mêmes n'ont servi qu'à investir la couronne d'une salutaire méfiance et à purger le pays d'un levain impur ; il fallait qu'une longue paix fît d'abord sentir tout le prix du régime paternel d'un prince légitime ; il fallait qu'une révolution populaire éclatât dans un pays voisin pour

fournir à l'armée française une brillante occasion de s'associer à jamais aux destinées de la légitimité : en vérité, le doigt de la Providence se
fait sentir dans tout ce qui se passe de nos jours:
Dei digitus hic est. Ils n'osent réunir deux ré-
gimens, disaient nos adversaires, et voilà cent
mille hommes qui, grouppés autour du drapeau blanc, vont combattre le drapeau de l'u-
surpation et l'étendard de la révolte. L'épreuve
n'était pas désespérée, mais elle était hardie ;
elle a surpassé la magnanime confiance de
Louis XVIII, et ses jeunes soldats lui seront
plus dévoués encore que ne l'étaient, aux plus
heureux des aventuriers, les vainqueurs de
Marengo et d'Austerlitz. A la suite des grandes
commotions politiques, lorsque le sol et les
esprits ont été également bouleversés par les
novateurs et les sophistes, il faut au pouvoir
d'autres garanties de sa durée que l'amour des
peuples et la reconnaissance des sujets ; nous
les avons conquises, ces garanties, dans la
Péninsule, et l'avenir de notre belle France se
trouve à l'abri de toutes les criminelles tenta-
tives du dehors et du dedans. L'armée victorieuse n'a point délibéré sur les droits respec-
tifs du prince et des sujets ; elle n'a connu que

son drapeau, la victoire et ses chefs ; ceux-ci ont juré fidélité sur le champ de bataille au monarque et à nos institutions ; les Bourbons et la Charte sont donc placés désormais au-dessus de toutes les appréhensions.

La bravoure, le sang-froid, la popularité du duc d'Angoulème, l'ont rendu l'idole de l'armée ; ses éminentes qualités lui eussent gagné les cœurs les plus rebelles : l'âme d'un soldat, qu'une orgueilleuse science n'a point flétrie, s'ouvre à tous les généreux sentimens, et l'héroïsme de ses chefs agit fortement sur lui ; les dispositions les plus hostiles ne pouvaient tenir devant un regard bienveillant du prince, la veille d'un combat, et un mot cordial, sorti de sa bouche dans la mêlée, aurait fait braver mille morts au plus poltron des plus jeunes conscrits. Ainsi l'ont fait les Français ; le nouvel Henri IV, qui marchait à leur tête, en se montrant simple dans ses manières, modeste après le succès, et confiant avant l'attaque, a porté jusqu'à l'enthousiasme l'admiration et l'attachement de nos troupes. Ainsi, l'on trouve dans cette auguste famille des Bourbons, tout ce qui peut charmer les imaginations et remuer profondément les âmes. Leur existence, comme princes, répond à tous les besoins de la patrie ; comme individus, elle répond à toutes nos habitudes sociales, à toutes nos mœurs françaises ; vous qui n'êtes séduits que par les grandes conceptions de l'entendement et les profonds calculs d'une politique élevée, levez les yeux sur le trône, un monarque législateur y est assis ; l'héritier présomptif, qui marche à ses côtés, de tous les Français est le plus Français ; son fils a ceint le laurier des héros, c'est le brave des braves ; l'orpheline du Temple est le génie même de la bienveillance et de la mélancolie, ces deux divinités des derniers temps et des sociétés vieillies ; la fille de Parthénope, placée entre un cyprès et un berceau, entre les larmes du veuvage et l'orgueil de la plus miraculeuse des maternités, offre un tableau touchant et poétique. Oui, ne craignons pas de le dire, ces souvenirs, ces images, pleins de grandeur, d'infortune et d'avenir, sont encore des puissances en France ; elles nous protègent, elles protègent le trône, et, chaque jour, font aux Bourbons de nombreux prosélytes.

On ne craindra plus désormais de se compromettre au service et à la défense de la légitimité; les indifférens même lui sont acquis par suite de nos triomphes. Quant à nos soldats, ils n'oublieront pas que lorsqu'on s'est avancé jusqu'à un certain point sur le terrain de la monarchie, et que l'on a été reconnu défendant ses boulevards les armes à la main, on n'est jamais transfuge impunément. Le ridicule et le mépris attendent les déserteurs, et les honneurs de la conversion n'appartiennent qu'à ceux qui nous viennent du camp opposé. Sous ce rapport, la position de la monarchie est admirable; elle peut compter sur les siens; attendre tout des indifférens et ne rien craindre de ses ennemis.

L'orgueil national est plus que désintéressé dans la question; humilié de deux invasions, dont cette monarchie était assurément bien innocente, cet orgueil national, véritable patriotisme des états modernes, se relève plus confiant que jamais, et se colore du vif éclat dont brille à tous les yeux l'immortelle couronne des lys. Dès-lors tout est dit, et nos destins sont fixés. Nos institutions raffermies sur leur véritable base, la légitimité, vont se développer avec majesté, et nos libertés publiques, sous l'influence du pouvoir royal, vont prendre un notable accroissement : il est tems de le reconnaître ; les institutions imposées par la nécessité , sont admirablement assorties à l'état actuel de la société ; elles protègent également tous les droits acquis , et ce qui tranche la question , nul n'est assez fort pour les renverser. L'armée n'a puisé en Espagne que de nouveaux motifs de les chérir, et le piége est trop grossier que de nous faire un épouvantail de tant de preux chevaliers ; la Charte, comme à nous , leur est chère, parce qu'elle est fille de la royauté et le camp retranché de la légitimité.

Cette Charte, admirable monument de la haute sagesse de notre Roi, doit cesser désormais d'être un signe de contradiction ; elle ne nous fut pas donnée pour éterniser les querelles politiques et faire descendre les discussions jusqu'au sein des foyers domestiques. Son caractère ne sera plus méconnu ; la guerre d'Espagne est un trop beau commentaire des doctrines royalistes ! cette guerre nous apprendra, mieux que tous les discours, que la France est essentiellement monarchique, que les deux Chambres ne sauraient être deux places de sûreté livrées à la révolution, et que l'opposi-

tion créée dans leur sein ne peut avoir de *répugnance* que pour la révolte et la félonie.

C'est donc un heureux corollaire de notre
brillante expédition contre les révolutionnaires
espagnols, que d'avoir appellé une nouvelle
chambre des députés, ardente de patriotisme
et toute puissante de son dévoûment au Roi
et à la monarchie, pour donner à nos institutions le seul genre de perfection qui leur manquait, *la stabilité*. Les ministres, en généraux
habiles, ne se sont point endormis le lende-
main de la victoire ; ils ont méprisé les délices
de Capoue et marché droit à Rome. La France
leur tiendra compte de leur courage plein de
désintéressement, et l'histoire datera peut-être
la Restauration complète de la monarchie, de
leur avènement au pouvoir.

FIN.

www.ingramcontent.com/pod-product-compliance
Lightning Source LLC
Chambersburg PA
CBHW071333030726
47594CB00002B/643